www.nilpferd.at
www.ggverlag.at

ISBN: 978-3-7074-5259-4

Text, Illustration und graphische Gestaltung: Lena Hesse
Gesamtherstellung: Imprint, Ljubljana

Gesetzt in der aktuell gültigen Rechtschreibung.
Hergestellt in Europa
Papier aus verantwortungsvoll bewirtschafteten Quellen.

1. Auflage 2021

Lena Hesse

HALLO, IST HIER HINTEN?

Warteschlangengeschichten

Edition NILPFERD

Ist ja schon gut.
Ich – stell mich
nochmal an
und kaufe dir
ein neues.

FREIBAD
400 m

EIS! 10 m